Copyright © 2020 Brain Trainer All rights reserved.

No part of this publication may be reproduced, distributed or transmitted in any form or by any means, including photocopying, recording, or other electronic or mechanical methods, without the prior written permission of the publisher, except in the case of brief quotations embodied in critical reviews and certain other non-commercial uses permitted by copyright law.

Trademarked names appear throughout this book. Rather than use a trademark symbol with every occurrence of a trademarked name, names are used in an editorial fashion, with no intention of infringement of the respective owner's trademark. The information in this book is distributed on an "as is" basis, without warranty. Although every precaution has been taken in the preparation of this work, neither the author nor the publisher shall have any liability to any person or entity with respect to any loss or damage caused or alleged to be caused directly or indirectly by the information contained in this book.

Logic Puzzles Inside

(1) Solve the Pattern

(2) Mazes

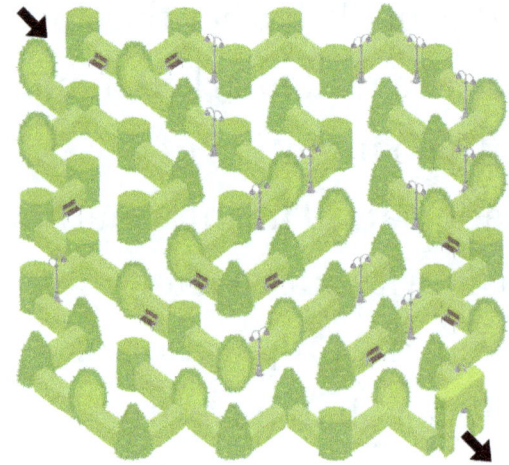

(3) Tetris Logic Coloring

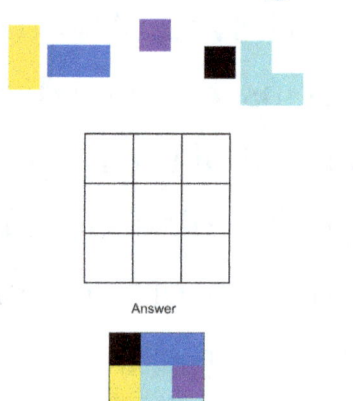

(3) Decode the Sentence

H - 24   C - 38   N - 37   M - 15   V - 2   E - 30   D - 34
P - 8   S - 21   A - 7   L - 25   R - 6   I - 19   T - 43
O - 29   G - 14   F - 0

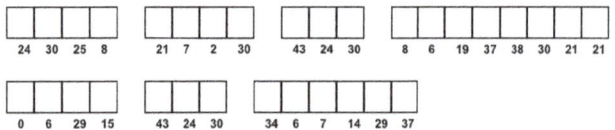

(5) Word Search

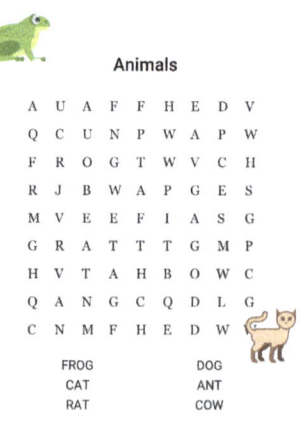

Animals

A U A F F H E D V
Q C U N P W A P W
F R O G T W V C H
R J B W A P G E S
M V E E F I A S G
G R A T T T G M P
H V T A H B O W C
Q A N G C Q D L G
C N M F H E D W

FROG   DOG
CAT   ANT
RAT   COW

Fill in the letters

H - 24 C - 38 N - 37 M - 15 V - 2 E - 30 D - 34
P - 8   S - 21 A - 7   L - 25 R - 6 I - 19 T - 43
O - 29 G - 14 F - 0

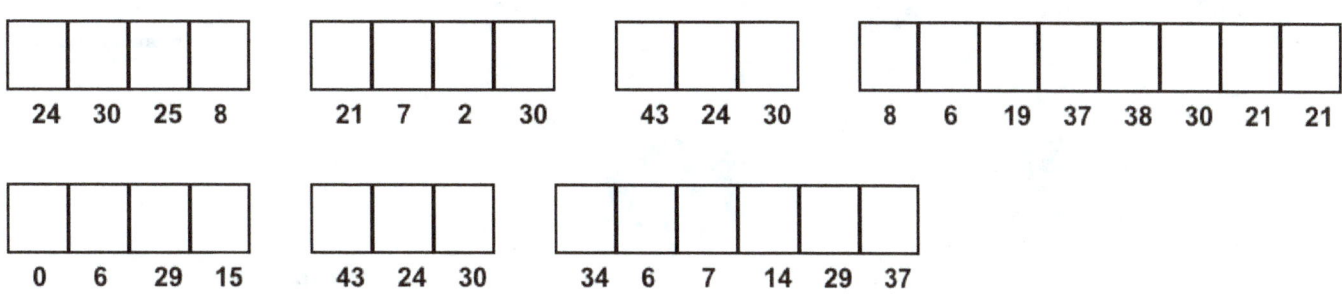

1

Draw the Missing Shape

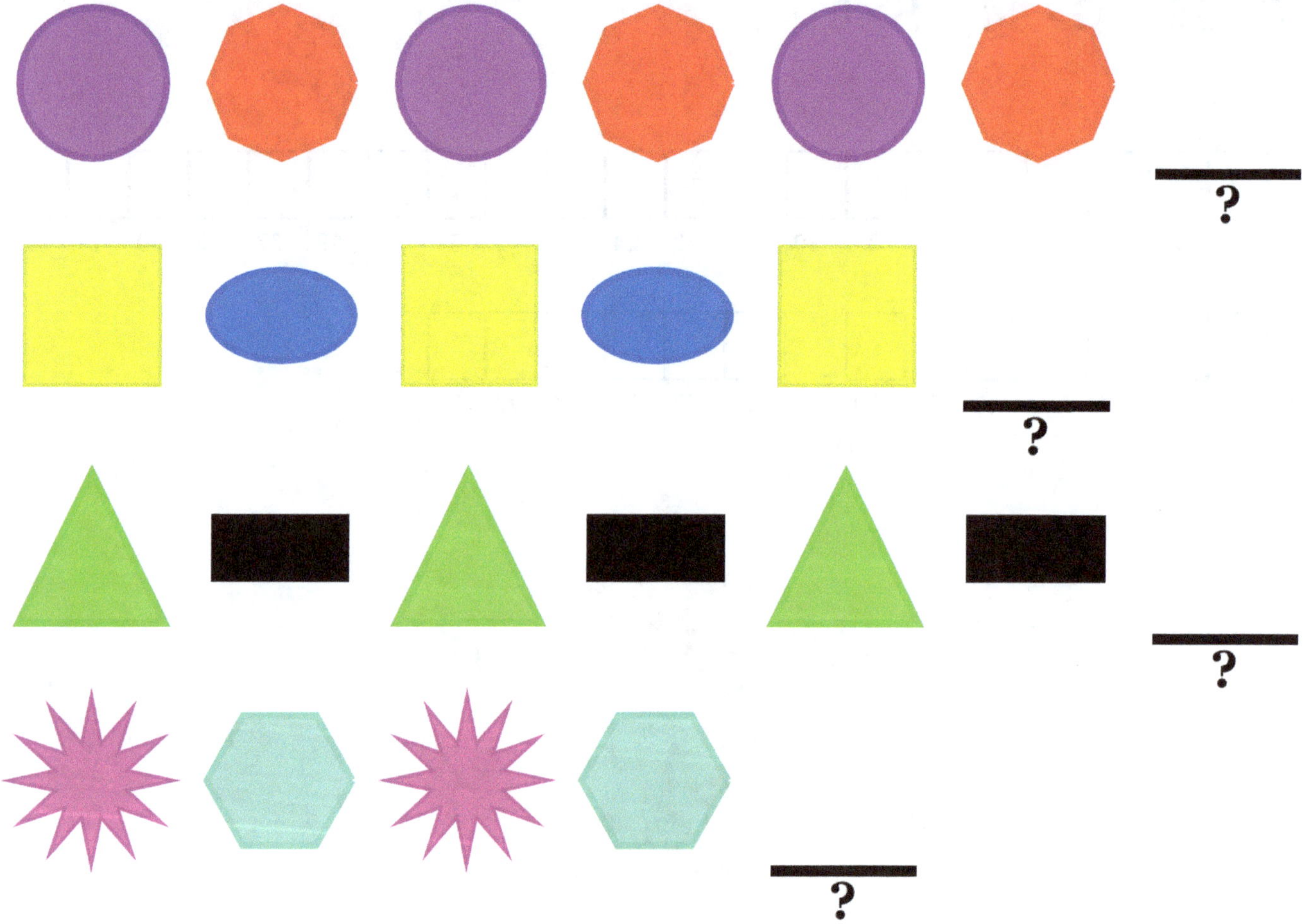

Color the shapes into the box

Answer

Animals

```
A U A F F H E D V
Q C U N P W A P W
F R O G T W V C H
R J B W A P G E S
M V E E F I A S G
G R A T T T G M P
H V T A H B O W C
Q A N G C Q D L G
C N M F H E D W W
```

FROG   DOG
CAT   ANT
RAT   COW

Help the mouse get the cheese

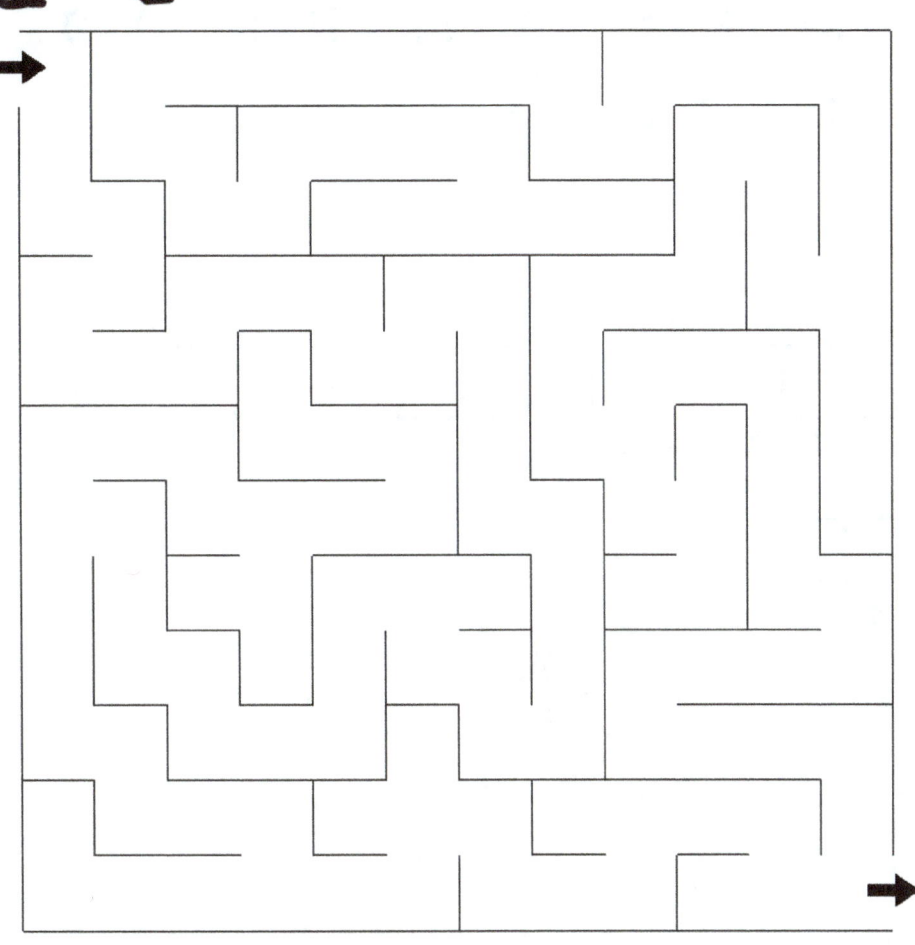

5

Fill in the letters

S - 11   O - 31   F - 17   T - 14   U - 8   I - 9   M - 39
L - 24   C - 44   H - 36   E - 7

14	36	7

39	31	8	11	7

9	11

17	8	24	24

31	17

44	36	7	7	11	7

Draw the Missing Shape

7

Color the shapes into the box

Answer

8

Fruit

```
B G R A P E A P J
D V A S K R E T O
Y F P L A A L Y T
T K P E R Q D B U
Y Y L M P C L G N
R C E O S P S S E
G O S N A S B J M
F H F I F N O M I
D O R A N G E P L
```

ORANGE   APPLE
LEMON   GRAPE
PEAR   LIME

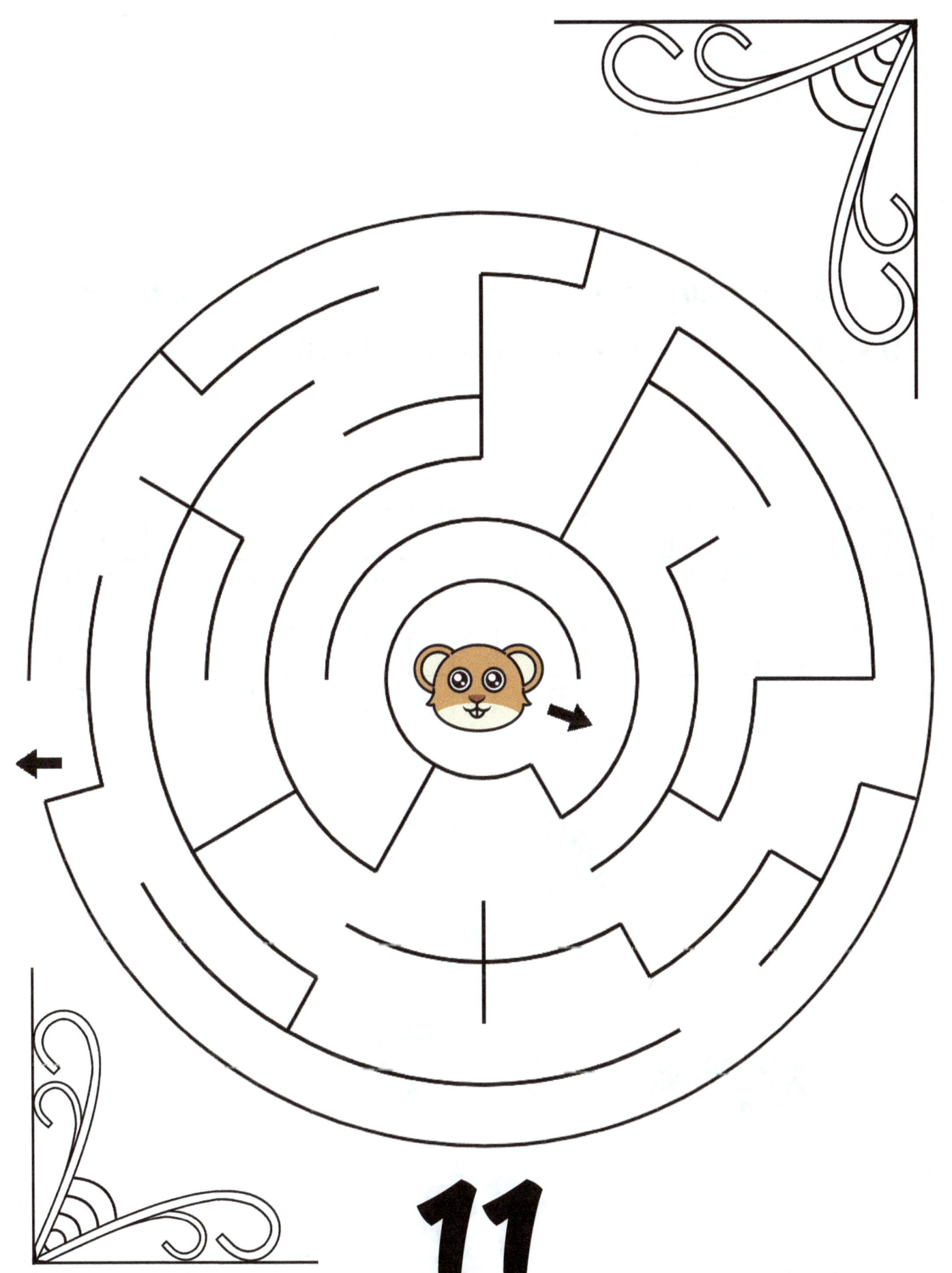

11

Fill in the letters

A - 16   R - 20   S - 41   H - 19   T - 31   F - 42   B - 13
U - 33   N - 35   O - 27   E - 14   I - 26   W - 2

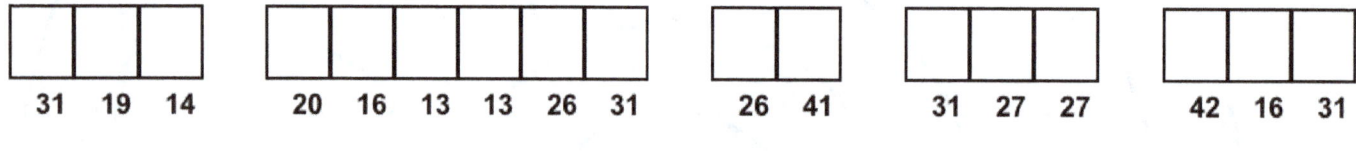

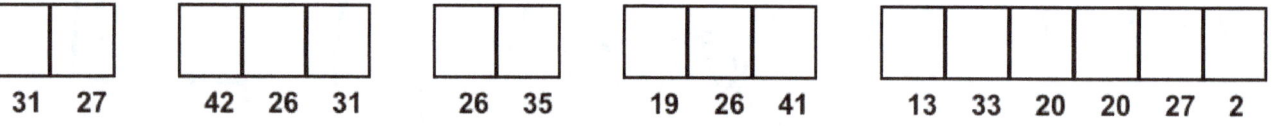

12

Climb the ladders

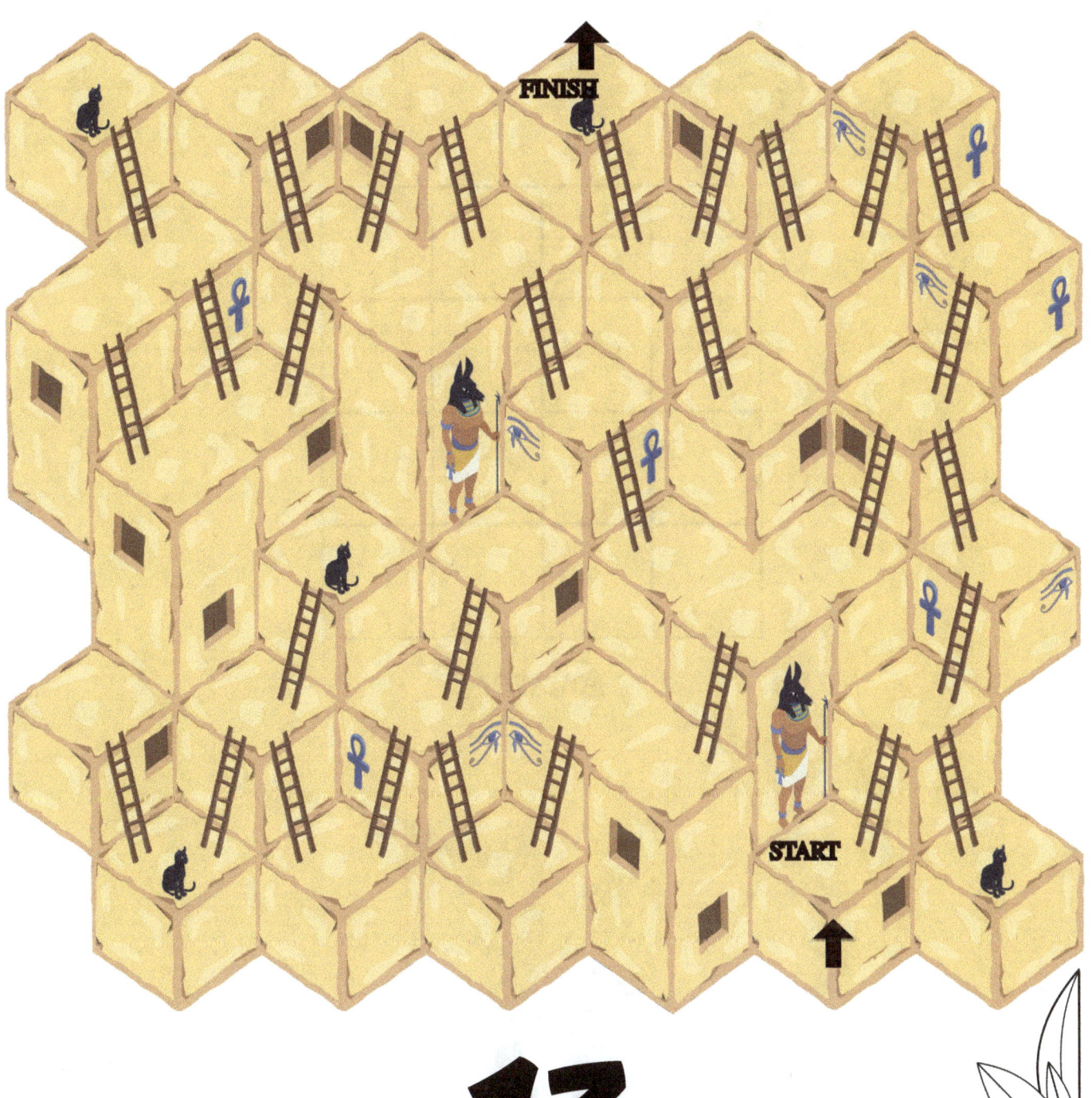

13

Color the shapes into the box

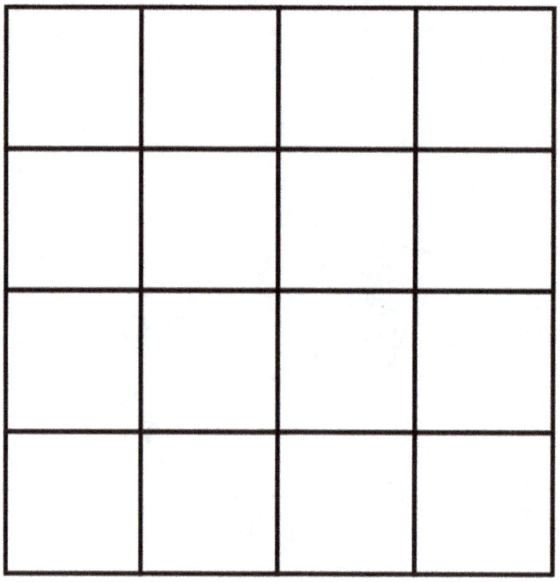

Answer

14

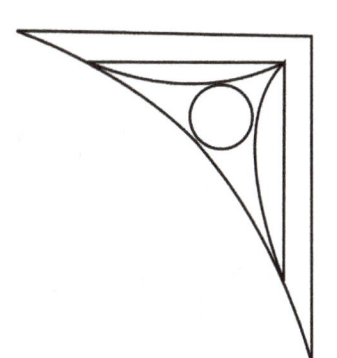

Draw the Missing Shape

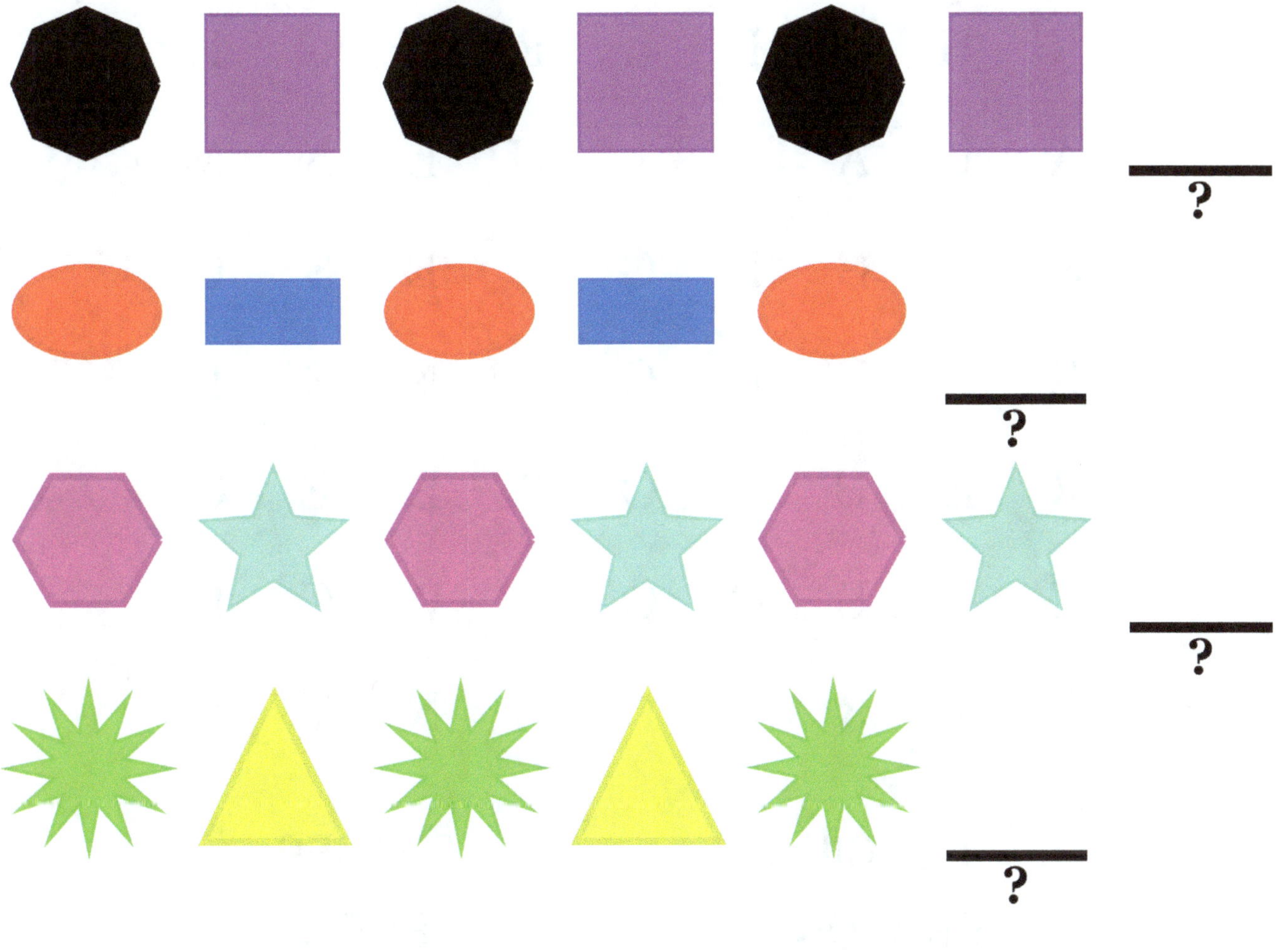

15

School

```
C H C R A Y O N L
E G I G B W J D R
R H B L L R U G H
A U A A I U L N M
S O G E G C E S C
E F V U G K N S L
R E H R O P L E O
U N E O O T W G P
U J B P L O N Y V
```

PENCIL   ERASER
CRAYON   BOOK
GLUE   BAG

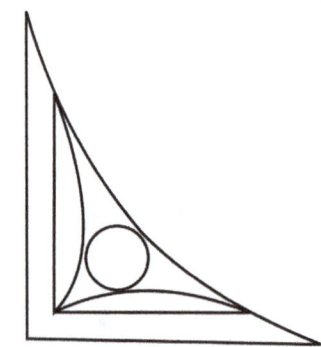

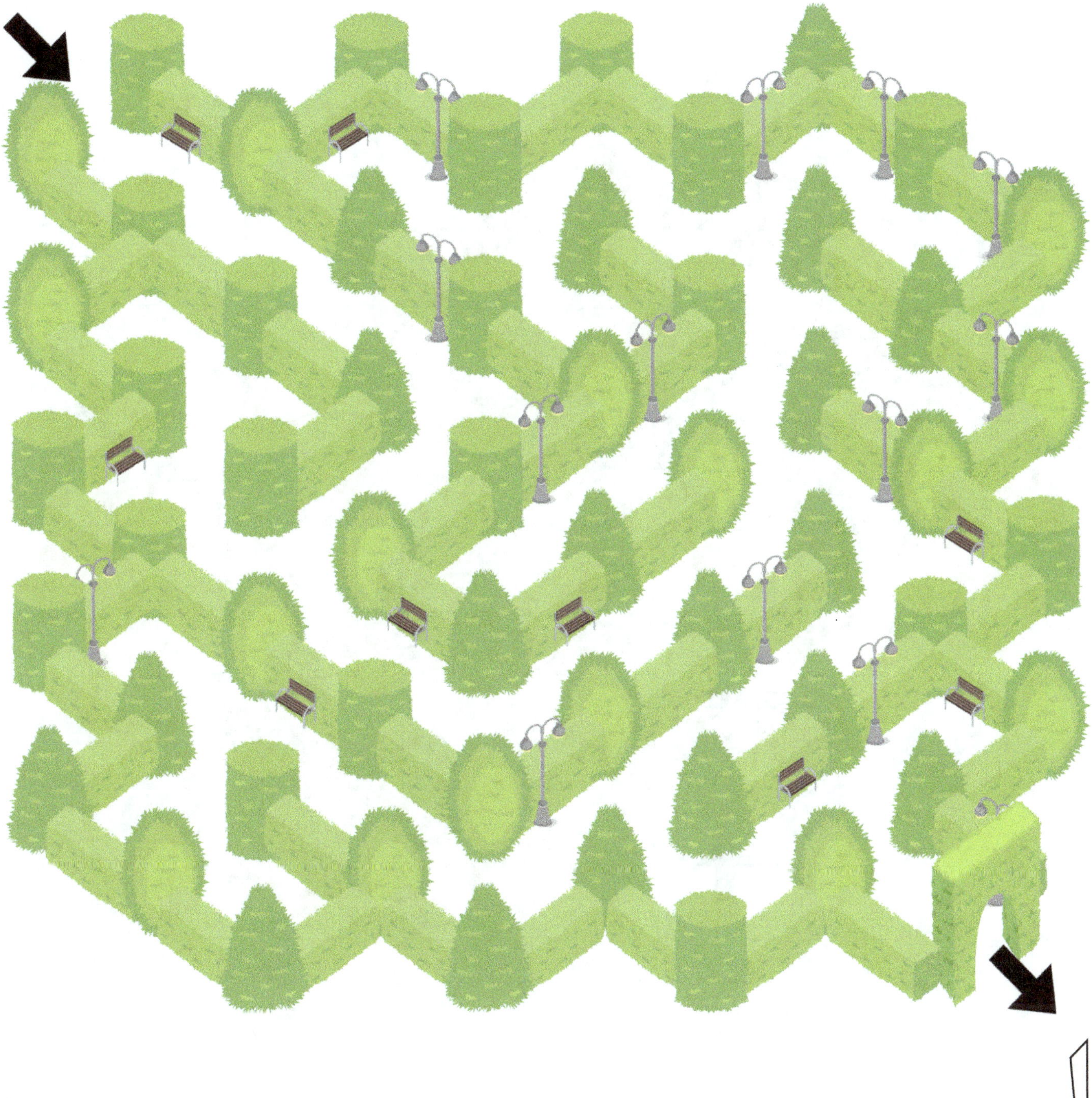

17

Climb the ladders

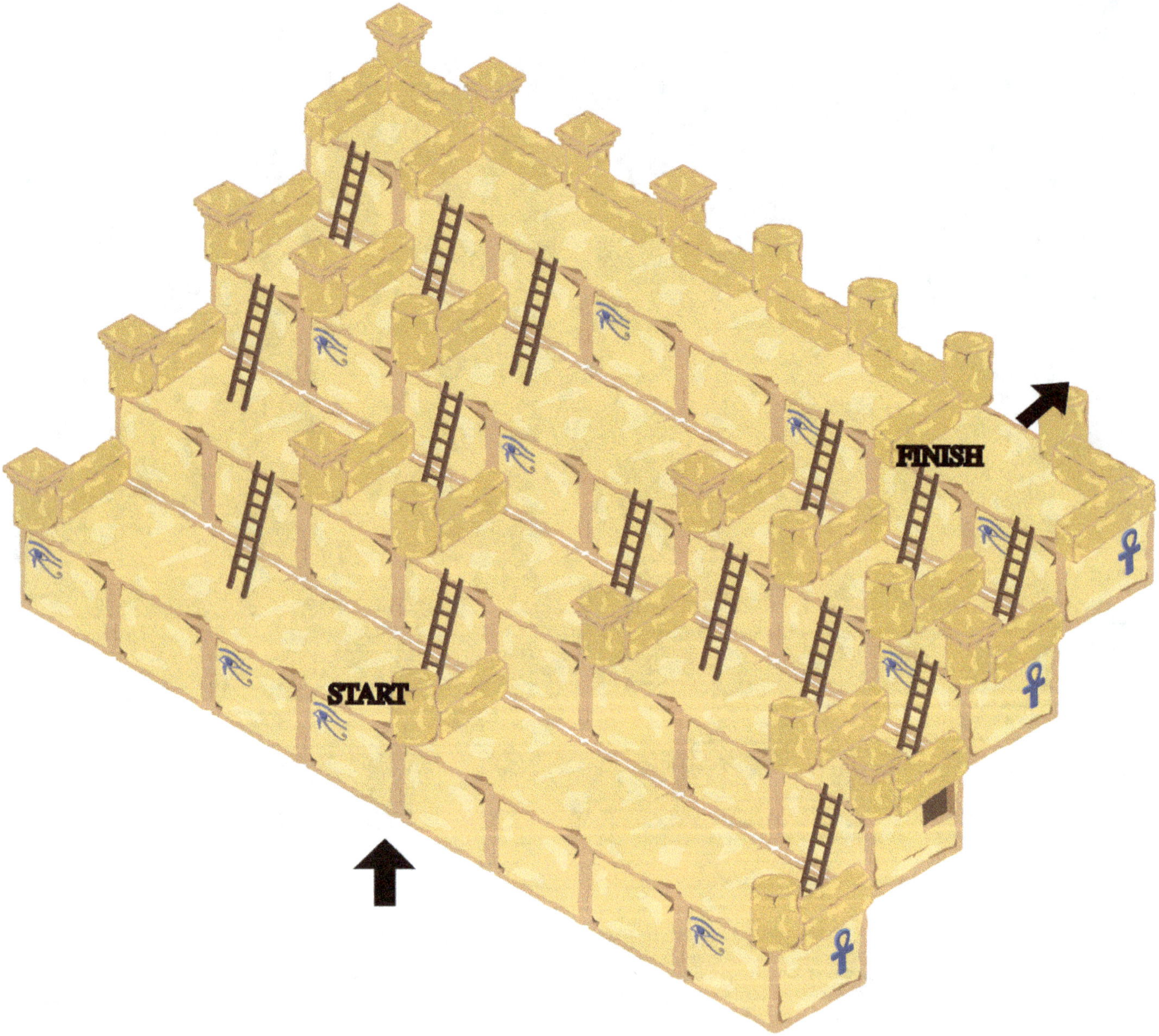

18

Fill in the letters

C - 34 F - 19 Y - 16 D - 30 B - 13 N - 11 V - 6
P - 15 E - 0   L - 36 I - 4   A - 31 O - 1   H - 39
U - 22 R - 24 S - 42 T - 38 K - 18

38	39	0

31	0	24	1	15	36	31	11	0

19	36	4	0	42

31	13	1	6	0

38	39	0

34	36	1	22	30	42

4	11

38	39	0

42	18	16

19

Draw the Missing Shape

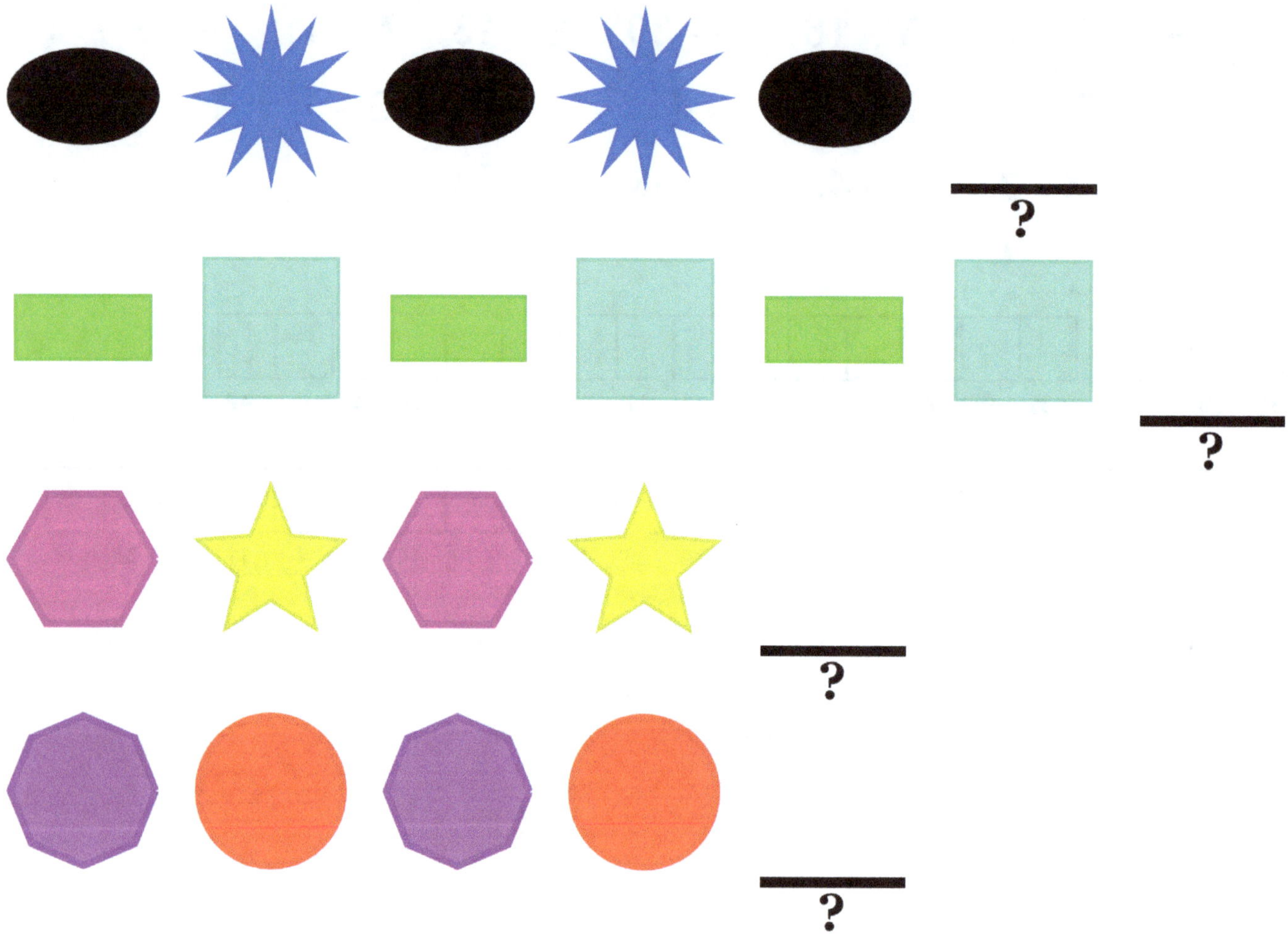

20

Color the shapes into the box

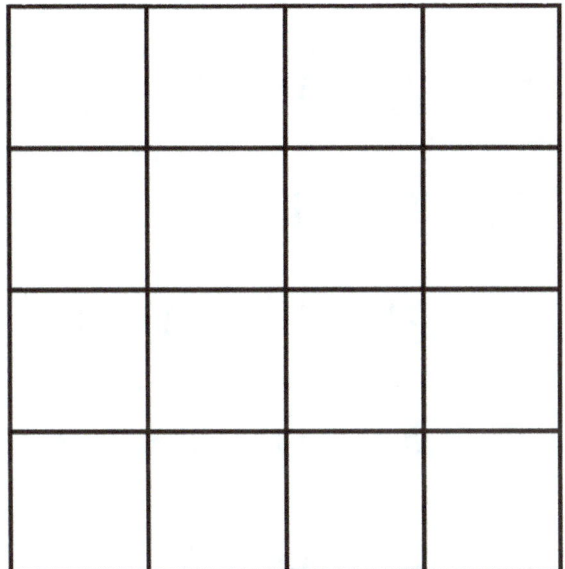

Answer

21

Colors

R B K I G K H R Q
V F L S E E O L J
A E T G R E E N D
J R W L R T S K C
B E M O I S R C A
L D Y H L D F A F
U H W S D L J L F
E K A S Q Y E B W
A H Y S C M N Y B

YELLOW   GREEN
BLACK   WHITE
BLUE   RED

23

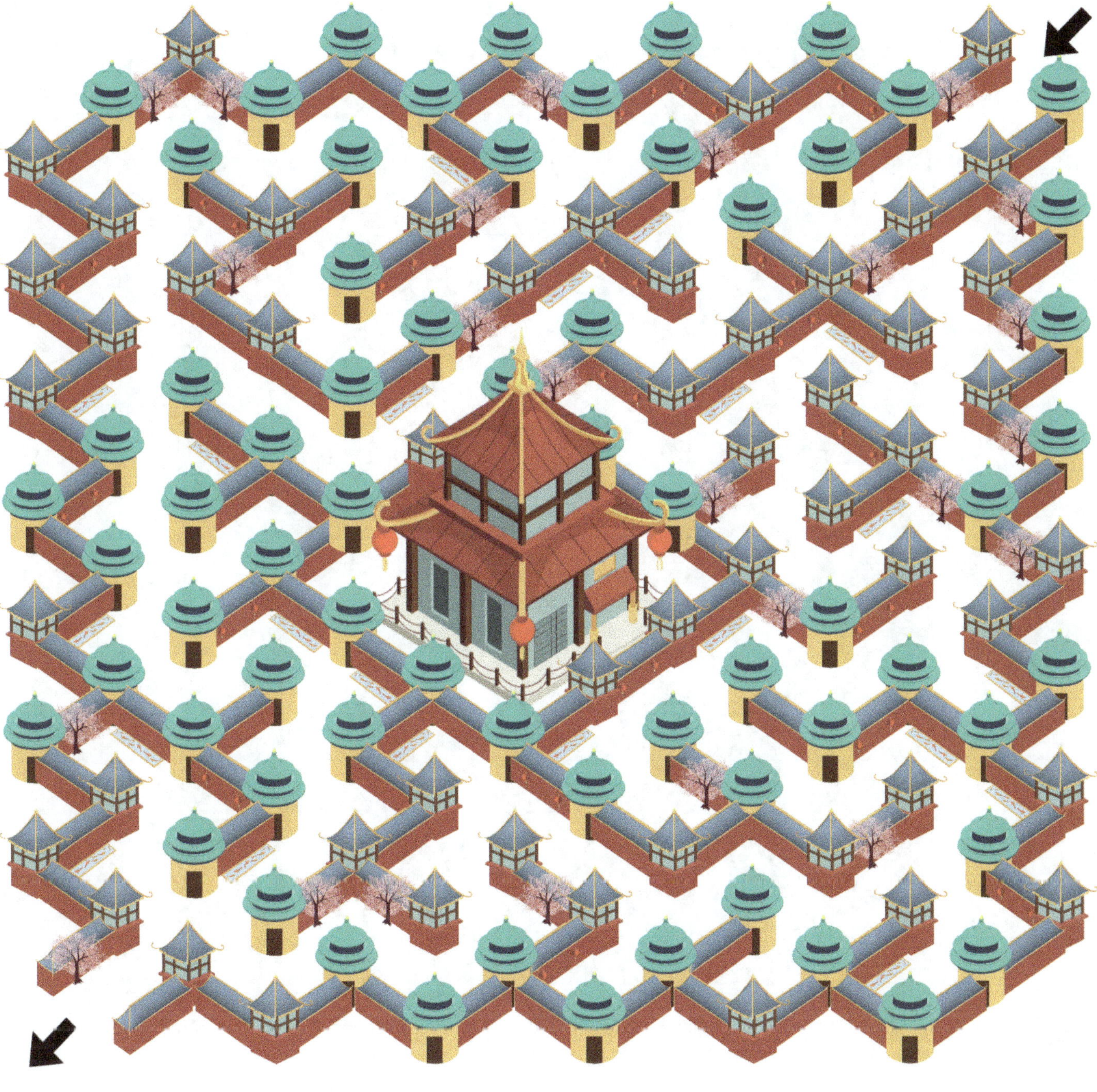

24

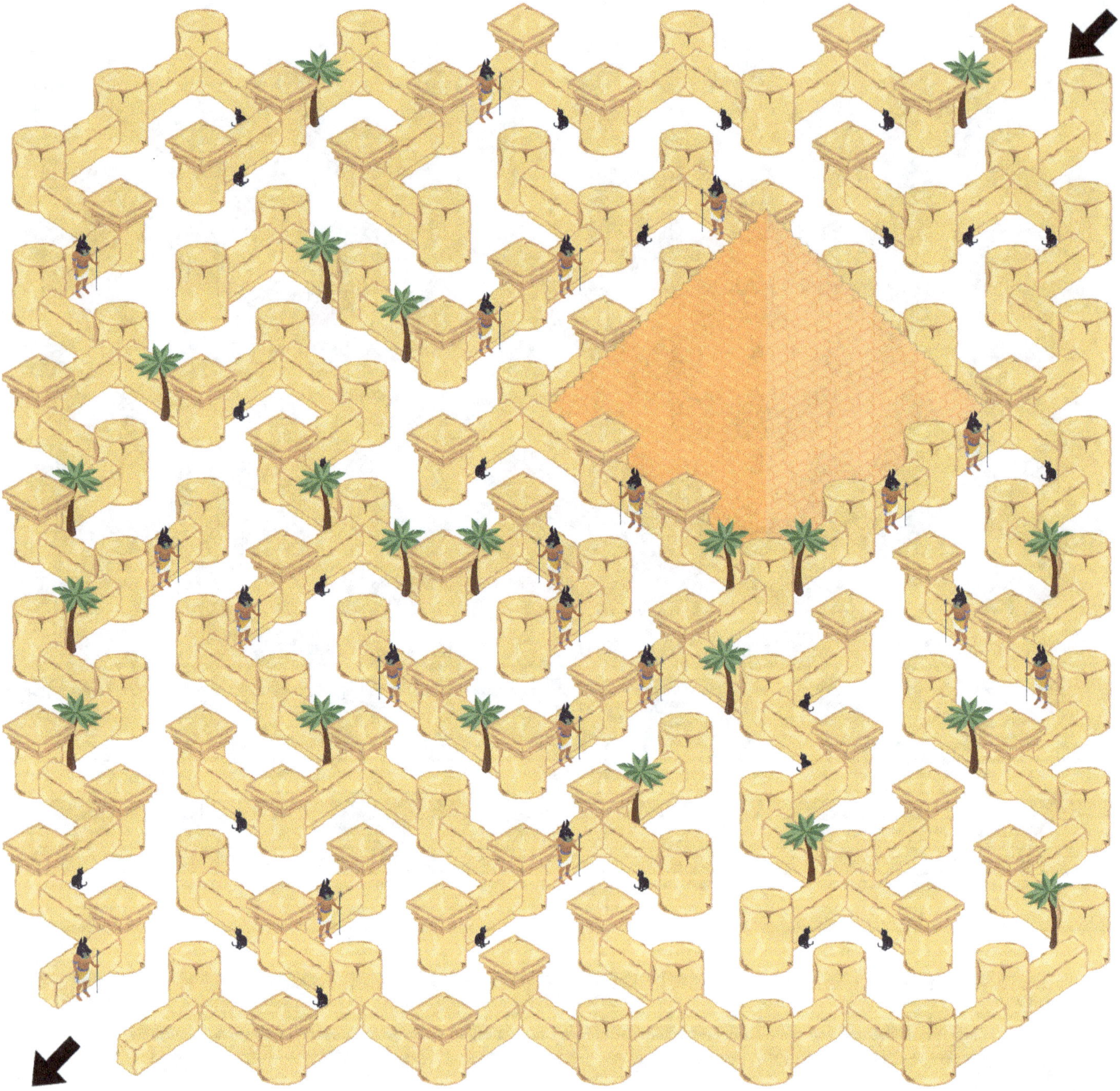

Color the shapes into the box

Answer

25

Draw the Missing Shape

Summer

```
I K D B O Y R H E A R Q
R C G S U F Y L O O P R
T I E T N U S E T R U Q
S G F C T E H S W I M L
U P H W R C V V L V L Y
N I M O A E R A T M E M
B C C E L F A X S D I U
L N B B F I N M M L T H
O I C S R O D W L A J A
C C D W R E M A H Y R H
K N G I D U T C Y E Y O
K A N Q L E T L G D Q A
```

SUNBLOCK   ICECREAM   HOLIDAY
PICNIC   BEACH   SWIM
POOL   HAT   SUN

27

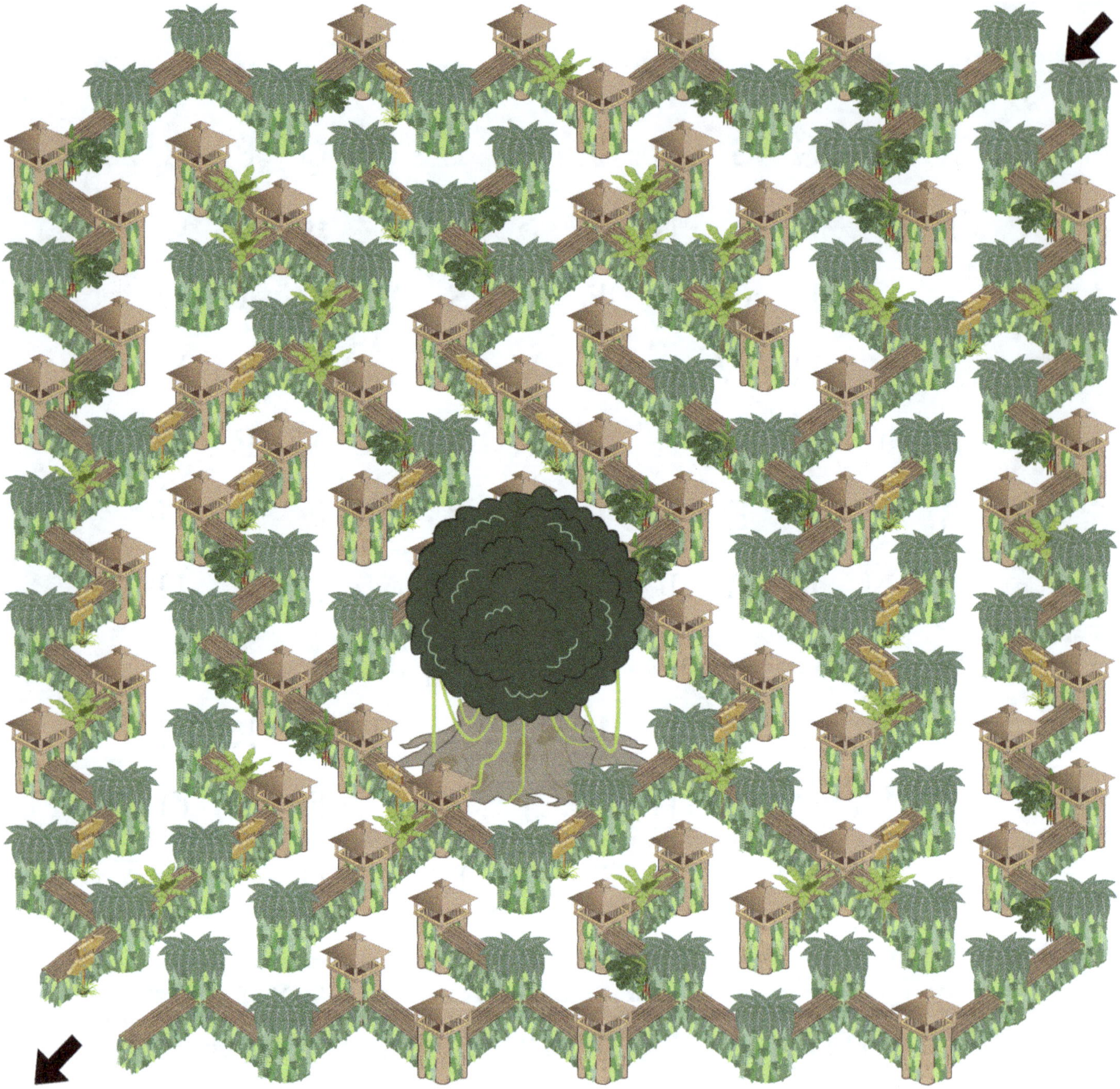

28

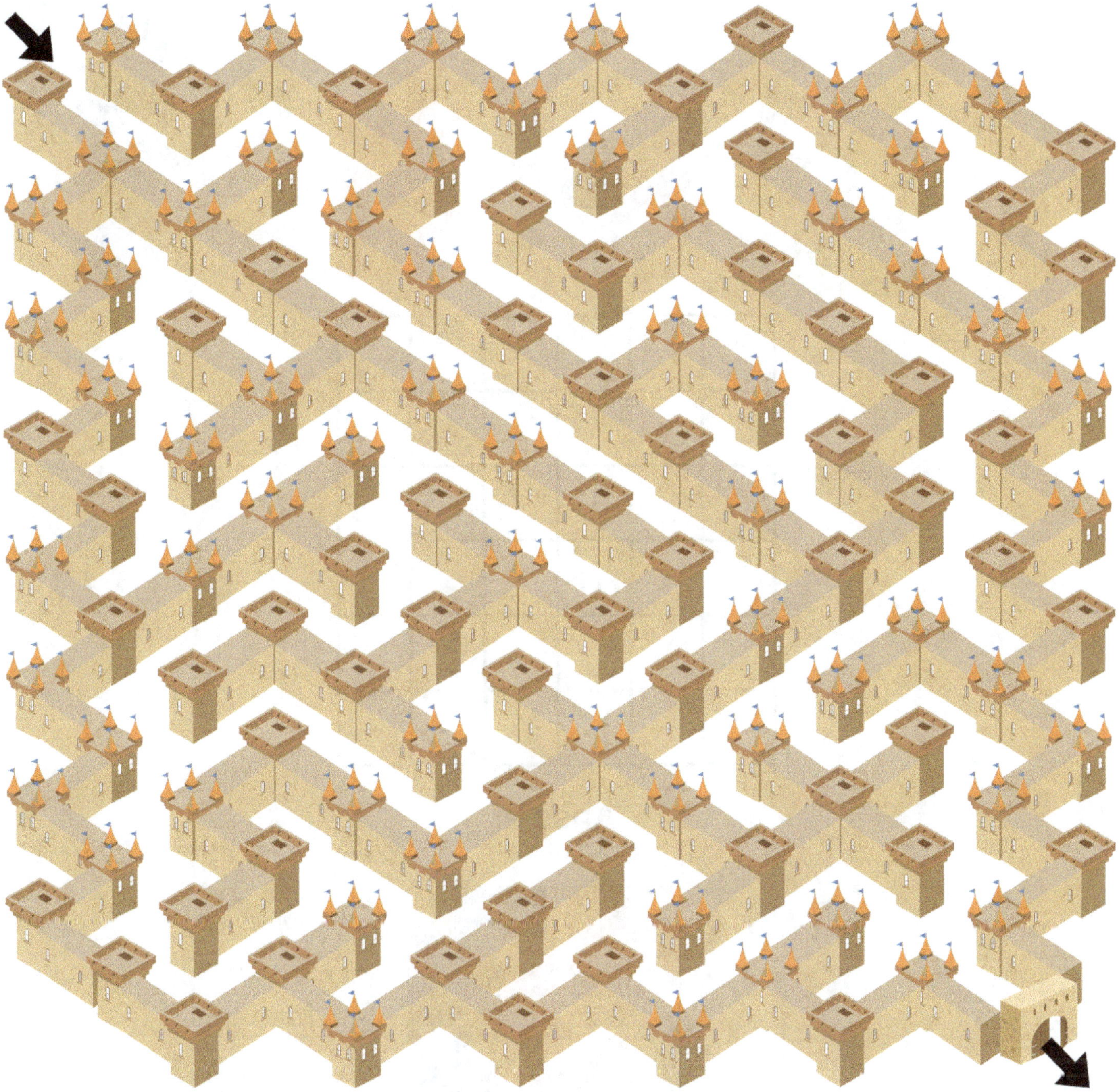

29

Color the shapes into the box

Answer

30

Fill in the letters

Zoo Puzzle

I - 42   P - 43   C - 36   L - 14   T - 17   E - 35   D - 5
H - 29   Y - 23   O - 2   K - 40   S - 16   M - 7

T	H	E		L	I	O	N		E	S	C	A	P	E	D		I	T	S
17	29	35		14	42	2	25		35	16	36	22	43	35	5		42	17	16

C	A	G	E		A	T		T	H	E		Z	O	O		A	N	D
36	22	13	35		22	17		17	29	35		28	2	2		22	25	5

C	H	A	S	E	D		T	H	E		M	O	N	K	E	Y	S
36	29	22	16	35	5		17	29	35		7	2	25	40	35	23	16

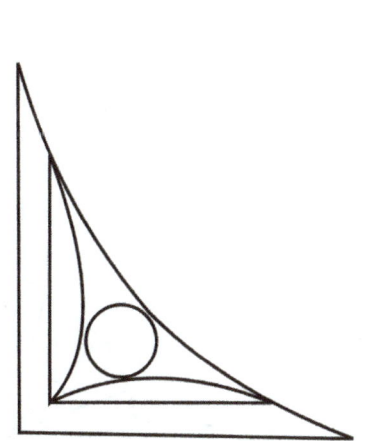

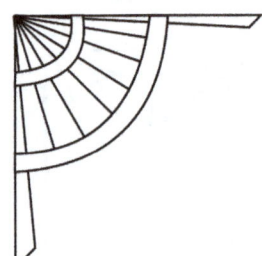

Draw the Missing Shape

?

?

?

?

32

Fill in the letters

B - 26 F - 22 A - 16 O - 18 J - 38 E - 37 M - 27
D - 33 T - 4   S - 30 R - 36 P - 28 N - 44 Y - 34

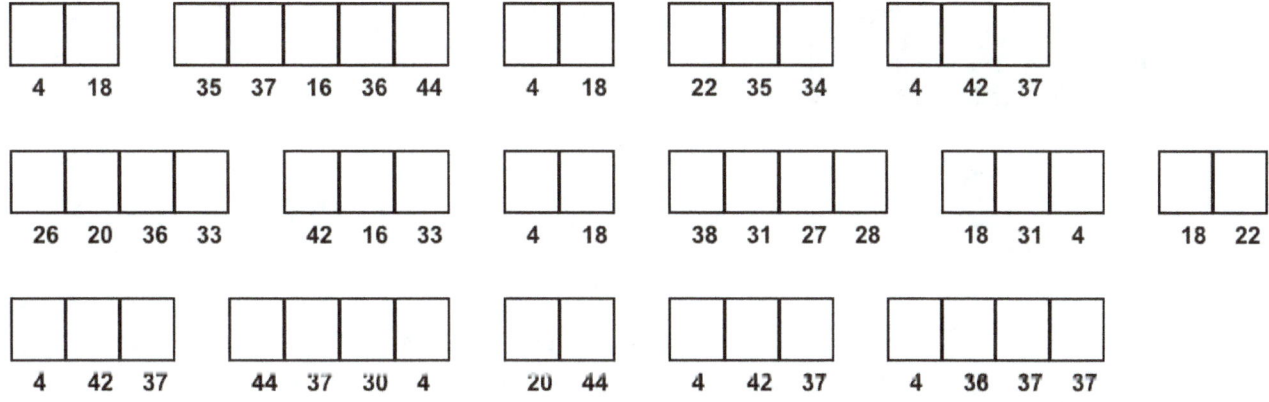

4	18

35	37	16	36	44

4	18

22	35	34

4	42	37

26	20	36	33

42	16	33

4	18

38	31	27	28

18	31	4

18	22

4	42	37

44	37	30	4

20	44

4	42	37

4	36	37	37

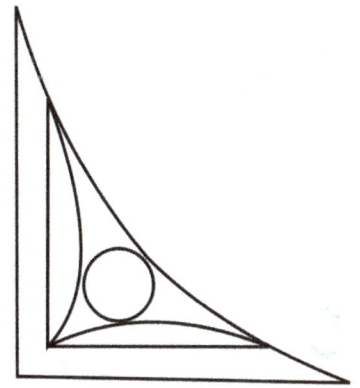

33

Solutions

1

H - 24 C - 38 N - 37 M - 15 V - 2 E - 30 D - 34
P - 8   S - 21 A - 7   L - 25 R - 6 I - 19 T - 43
O - 29 G - 14 F - 0

H	E	L	P		S	A	V	E		T	H	E		P	R	I	N	C	E	S	S
24	30	25	8		21	7	2	30		43	24	30		8	6	19	37	38	30	21	21

F	R	O	M		T	H	E		D	R	A	G	O	N
0	6	29	15		43	24	30		34	6	7	14	29	37

2

Draw the Missing Shape

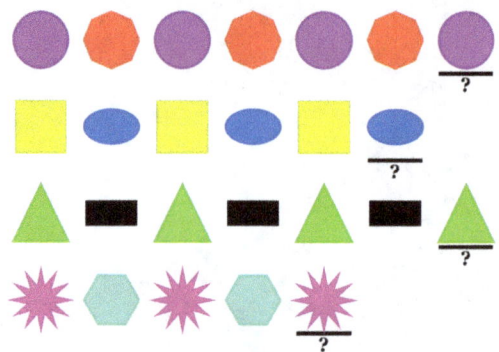

3

4

Animals Solution

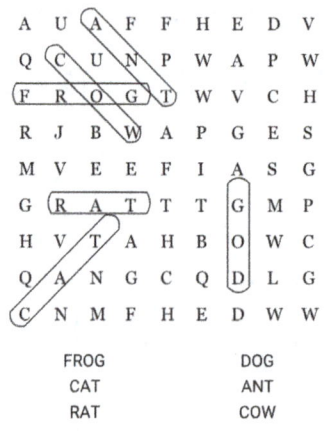

FROG   DOG
CAT   ANT
RAT   COW

5

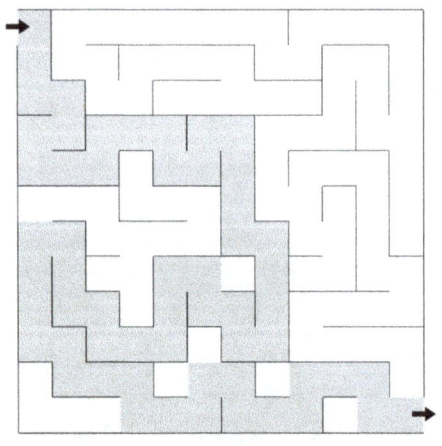

6

S - 11 O - 31 F - 17 T - 14 U - 8 I - 9 M - 39
L - 24 C - 44 H - 36 E - 7

T	H	E		M	O	U	S	E		I	S		F	U	L	L		O	F
14	36	7		39	31	8	11	7		9	11		17	8	24	24		31	17

C	H	E	E	S	E
44	36	7	7	11	7

Solutions

Draw the Missing Shape

7

8

Fruit Solution

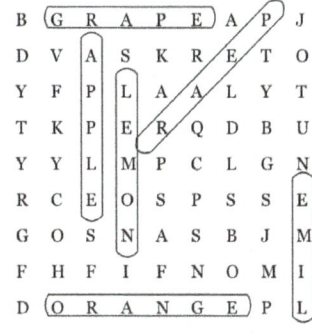

ORANGE   APPLE
LEMON   GRAPE
PEAR   LIME

9

10

11

A - 16   R - 20   S - 41   H - 19   T - 31   F - 42   B - 13
U - 33   N - 35   O - 27   E - 14   I - 26   W - 2

T	H	E		R	A	B	B	I	T		I	S		T	O	O		F	A	T
31	19	14		20	16	13	13	26	31		26	41		31	27	27		42	16	31

T	O		F	I	T		I	N		H	I	S		B	U	R	R	O	W
31	27		42	26	31		26	35		19	26	41		13	33	20	20	27	2

12

Solutions

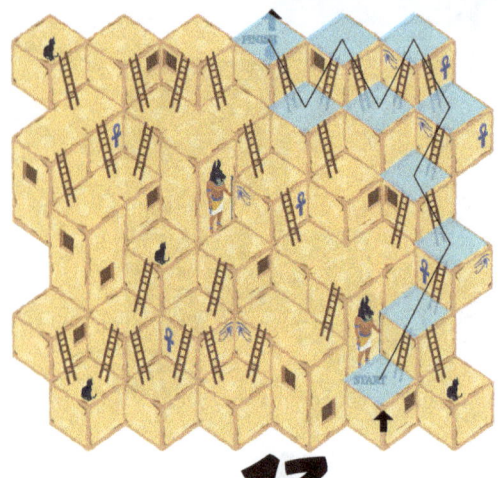

13

14

Draw the Missing Shape

15

School Solution

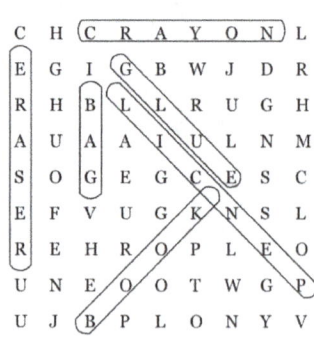

PENCIL   ERASER
CRAYON   BOOK
GLUE   BAG

16

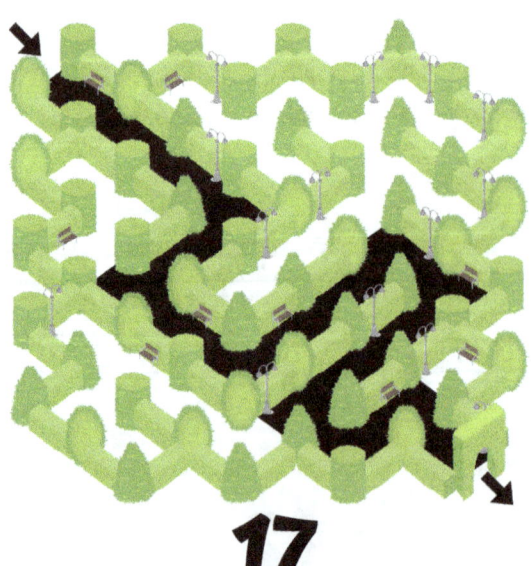

17

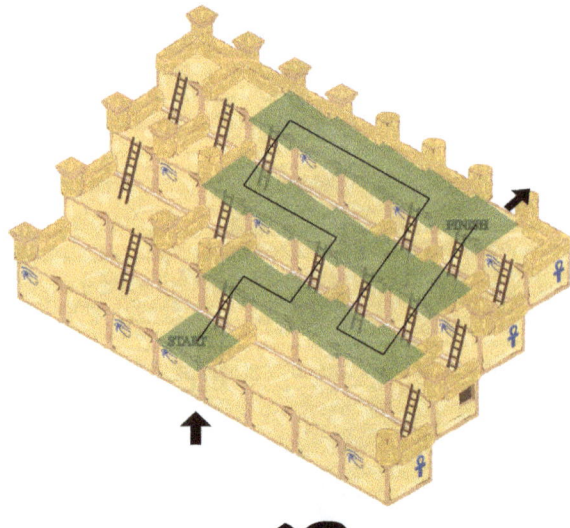

18

Solutions

C - 34   F - 19   Y - 16   D - 30   B - 13   N - 11   V - 6
P - 15   E - 0   L - 36   I - 4   A - 31   O - 1   H - 39
U - 22   R - 24   S - 42   T - 38   K - 18

T	H	E		A	E	R	O	P	L	A	N	E		F	L	I	E	S
38	39	0		31	0	24	1	15	36	31	11	0		19	36	4	0	42

A	B	O	V	E		T	H	E		C	L	O	U	D	S		I	N		T	H	E
31	13	1	6	0		38	39	0		34	36	1	22	30	42		4	11		38	39	0

S	K	Y
42	18	16

19

Draw the Missing Shape

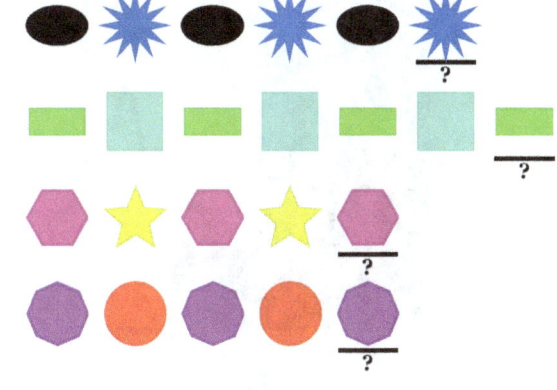

20

21

Colors Solution

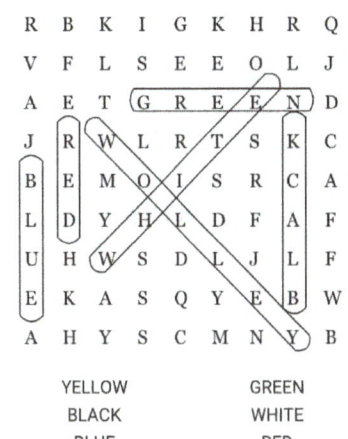

YELLOW   GREEN
BLACK   WHITE
BLUE   RED

22

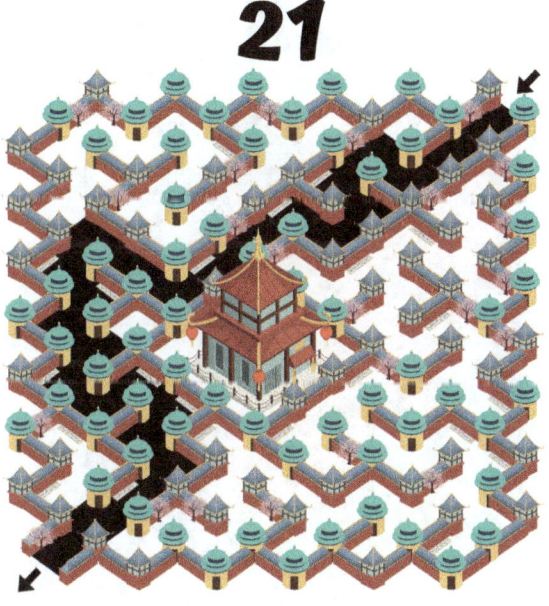

23

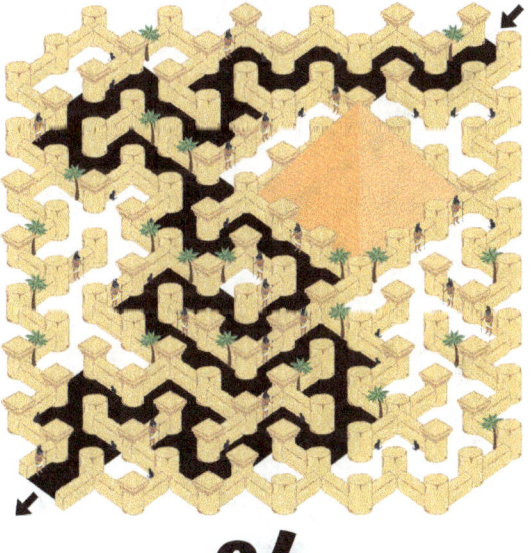

24

Solutions

25

Draw the Missing Shape

26

Summer Solution

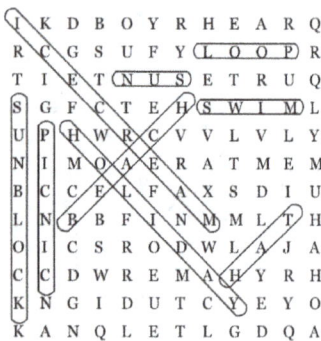

SUNBLOCK   ICECREAM   HOLIDAY
PICNIC   BEACH   SWIM
POOL   HAT   SUN

27

28

29

30

Solutions

I - 42   P - 43   C - 36   L - 14   T - 17   E - 35   D - 5
H - 29   Y - 23   O - 2   K - 40   S - 16   M - 7   G - 13
Z - 28   N - 25   A - 22

T	H	E		L	I	O	N		E	S	C	A	P	E	D		I	T	S
17	29	35		14	42	2	25		35	16	36	22	43	35	5		42	17	16

C	A	G	E		A	T		T	H	E		Z	O	O		A	N	D
36	22	13	35		22	17		17	29	35		28	2	2		22	25	5

C	H	A	S	E	D		T	H	E		M	O	N	K	E	Y	S
36	29	22	16	35	5		17	29	35		7	2	25	40	35	23	16

31

Draw the Missing Shape

32

B - 26   F - 22   A - 16   O - 18   J - 38   E - 37   M - 27
D - 33   T - 4   S - 30   R - 36   P - 28   N - 44   Y - 34
H - 42   L - 35   U - 31   I - 20

T	O		L	E	A	R	N		T	O		F	L	Y		T	H	E
4	18		35	37	16	36	44		4	18		22	35	34		4	42	37

B	I	R	D		H	A	D		T	O		J	U	M	P		O	U	T		O	F
26	20	36	33		42	16	33		4	18		38	31	27	28		18	31	4		18	22

T	H	E		N	E	S	T		I	N		T	H	E		T	R	E	E
4	42	37		44	37	30	4		20	44		4	42	37		4	36	37	37

33

We hope you loved the logic puzzles. If you did, would you consider posting an online review?

This helps us to continue providing great products, and helps potential buyers to make confident decisions.

For more logic puzzles, find our similar titles

www.ingramcontent.com/pod-product-compliance
Lightning Source LLC
Chambersburg PA
CBHW081340080526
44588CB00017B/2690